VÉRITABLES INTÉRÊTS

DES PUISSANCES

EUROPÉENNES

ET

DE L'EMPEREUR DU BRÉSIL.

IMPRIMERIE PIHAN DELAFOREST (MORINVAL),
RUE DES BONS-ENFANS, n°. 34.

VÉRITABLES INTÉRÊTS

DES PUISSANCES

EUROPÉENNES

ET

DE L'EMPEREUR DU BRÉSIL,

PAR RAPPORT

AUX AFFAIRES ACTUELLES DU PORTUGAL.

PAR UN AMI DE LA VÉRITÉ ET DE LA PAIX.

PARIS.

DELAFOREST, LIBRAIRE, PLACE DE LA BOURSE,
RUE DES FILLES-SAINT-THOMAS, N°. 7.

—

1829.

VÉRITABLES INTÉRÊTS

DES PUISSANCES

EUROPÉENNES

ET

DE L'EMPEREUR DU BRÉSIL.

***

On a beaucoup écrit sur les droits de D. Miguel à la couronne de Portugal, sur ceux de D. Pedro et de la princesse D. Maria da Gloria, sa fille; mais on a fort peu dit sur les vrais intérêts de l'Europe en général, et de l'empereur D. Pedro en particulier, relativement aux affaires de ce malheureux royaume, et c'est ce qui fera l'objet principal de ce petit essai.

Je compte n'avancer aucune assertion qui ne soit fondée sur des faits assez connus, et qu'on peut vérifier très facilement.

Quant aux droits légitimes de D. Miguel, ils ont été démontrés jusqu'à l'évidence en plusieurs écrits qu'on a publiés, et même dans quelques articles des gazettes, par des preuves légales et si incontestables, qu'il suffira d'en mentionner ici rapidement les plus essentielles, pour servir d'introduction aux considérations importantes que je me propose de présenter sur d'autres objets.

D. Miguel est entré dans ses droits à la couronne de Portugal par les lois fondamentales de la monarchie portugaise, aussitôt que D. Pedro, s'emparant du Brésil, l'a constitué en un empire indépendant, tout-à-fait séparé du Portugal; ce qu'il a fait par la force des armes, et ensuite par un traité solennel avec son père, conclu sous la médiation de l'Angleterre. Par un tel acte, D. Pedro a perdu ses droits à la couronne de Portugal, soit par les lois fondamentales de ce royaume, ou par celles de la nouvelle constitution du Brésil, qu'il a juré d'observer.

Il les a perdus par les lois fondamentales de Portugal, parce que les lois primordiales de Lamego, constamment observées depuis leur établissement jusqu'aux règnes de la reine Marie Ire. et de son fils, le roi D. Jean VI, qui les a déclarées en force, par l'alvara du 4 juin 1824, ont exclu du trône tout prince étranger, par naissance ou par option, et qui ne peut résider dans le royaume. Ces mêmes dispositions ont été confirmées par les actes des cortès de Lisbonne, en 1641, et par la Charte-patente du

12 septembre 1642, où sont insérés les arrêts de ces mêmes cortès, avec l'acceptation du roi ; documens qui constituent les droits de souveraineté de l'auguste maison de Bragance, et l'ordre de succession à la couronne de Portugal.

D. Pedro a perdu ses droits par les lois fondamentales de l'empire du Brésil, parce que l'article 4, titre II, de la Charte brésilienne, arrête que : « Sont citoyens brésiliens toutes les personnes nées en Portugal, qui résidaient au Brésil quand la nouvelle Charte a été proclamée, et qui ont continué à y résider après. » Et par l'article 7 de la même Charte : « Perd le droit de citoyen brésilien celui qui se naturalise en pays étranger. » Et par l'article 19 : « Aucun étranger ne pourra succéder à la couronne du Brésil. » Il est donc bien clair qu'aussitôt que D. Pedro a juré de maintenir en force ces trois articles, il est devenu Brésilien, et conséquemment un souverain étranger au Portugal, et, comme tel, inhabile, par les lois portugaises, à succéder à la couronne de ce royaume, ou à exercer un acte d'autorité quelconque. Il faut ajouter que D. Pedro a protesté plusieurs fois, par des actes publics, connus de toute l'Europe, qu'il était Brésilien et ne voulait rien du Portugal. Il faut encore remarquer que, pour combler les bizarreries et les contradictions qui ont eu lieu dans

toute cette transaction , l'article 77 de la Charte
que D. Pedro a voulu imposer au Portugal,
dit que : « Lorsque le roi sortira du royaume sans
le consentement des cortès générales, il sera
censé avoir abdiqué la couronne. » Cet article
de la Charte intruse confirme entièrement la
justice de l'exclusion des droits de D. Pedro à la
couronne de Portugal, par les lois fondamentales
du royaume. On voit aussi, par un article si
contraire aux droits de D. Pedro, le décousu de
sa Charte, ce qui ne peut être attribué qu'à ce
que cette pièce bizarre a été fabriquée à Lisbonne, par la cabale ennemie de D. Miguel, et
que peut-être elle a reçu quelques additions mal
digérées à Rio-Janeiro.

Quoique la qualité d'étranger et l'impossibilité
de résider en Portugal fussent des motifs suffisans
pour exclure D. Pedro de la couronne de ce
royaume, il faut observer de plus que, par la
Charte-patente du roi Jean IV, du 9 septembre 1642, aucun roi de Portugal ne peut être
proclamé qu'après avoir prêté le serment d'usage,
de maintenir tous les priviléges, libertés, grâces,
et les coutumes des trois états du royaume, que
les rois ses prédécesseurs ont concédés et juré
d'observer ; et puisque D. Pedro, par l'impossibilité sus-mentionnée, ne peut pas prêter un
tel serment, tous les actes de souveraineté qu'il

a prétendu exercer en Portugal sont illégaux, et, par conséquent, de toute nullité en droit; ce qui a été reconnu dernièrement par les trois états réunis en cortès, seule autorité légale qui ait le droit de décider, et qui ait toujours décidé tous les points controversés de succession, depuis le commencement de la monarchie.

Qu'on dise que dans les dernières cortès rassemblées à Lisbonne, n'étaient pas présens quelques individus de la noblesse, qui étaient sortis du royaume; la raison en est connue. Cependant les événemens qui ont suivi font voir assez clairement quelle était la voix de la grande majorité de la nation et la force morale des trois bras des états, qui ont formé ces cortès, lorsqu'on considère qu'elles ont procédé tranquillement et régulièrement dans leurs travaux à Lisbonne, jusqu'à élever au trône le légitime héritier de la couronne, D. Miguel Ier., en même temps qu'il y avait au Porto et en d'autres endroits un soulèvement de plus de cinq mille hommes de troupes, appuyés par toute la faction ennemie de D. Miguel; soulèvement qui a disparu comme la fumée, lorsque la vraie légitimité a été proclamée par des juges compétens.

Quant aux prétendus droits de la princesse D. Maria da Gloria, il est plus que singulier de prétendre qu'un père puisse transmettre à sa fille des droits qu'il ne possède pas, et abdiquer en faveur de celle-ci un trône qui ne lui appartient point, et dont elle est exclue comme étrangère, étant naturalisée brésilienne par les susdits premiers articles de la constitution du Brésil; et toutes ces illégalités monstrueuses à l'égard des prétendus droits de D. Pedro et de sa fille, que je viens de rapporter, se sont commises sans consulter les trois états du royaume! Si les souverains défenseurs de la légitimité et des lois fondamentales de leurs états prêtaient leur appui à des doctrines et transactions d'une nature si illégitime, la vraie légitimité disparaîtrait en peu de temps des trônes.

Un autre argument que les ennemis de D. Miguel font en faveur des prétendus droits de la princesse D. Maria da Gloria, c'est: qu'étant née dans une possession portugaise, du vivant du roi Jean VI, et avant le traité de séparation, elle est née Portugaise et a acquis des droits éventuels à la couronne de Portugal; mais ce n'est qu'un sophisme, puisqu'elle a perdu ces droits en devenant Brésilienne, par les susdits articles de la constitution que son père a jurée; et d'un autre côté, D. Miguel, par les lois fondamentales du royaume, est devenu le successeur à la couronne portugaise, après la mort de son père.

Mais, disent la faction et tous ceux qu'elle a pu abuser pour un peu de temps, le dernier décret du roi Jean VI, du 6 mars 1826, déclare D. Pedro successeur de la couronne. En premier lieu, l'assertion n'est pas exacte. Le roi dit dans ce décret que les dispositions qu'il contient doivent servir de règle, *en attendant que l'héritier légitime de la couronne donne ses ordres*, sans déclarer le nom de cet héritier, si c'était D. Pedro ou D. Miguel. On ne peut pas croire que ce fut par oubli qu'on ait fait une omission de cette nature, quand on sait que c'étaient les ennemis de D. Miguel qui assiégeaient le roi moribond ; que ce sont eux qui ont rédigé le décret, et que conséquemment ils ne pouvaient pas oublier d'y mentionner le nom de D. Pedro, afin que dans l'avenir il ne fût pas douteux que D. Miguel eût été exclus. Le plus probable est que la cabale a fait cette omission de propos délibéré, craignant que le roi ne signât pas le décret en entendant le nom de D. Pedro, puisqu'ils savaient très bien combien le père était indisposé contre ce fils, à cause de l'article 2 du traité de séparation du Brésil, rédigé de telle manière que le roi conservait le titre stérile d'empereur du Brésil, non par droit, comme il le prétendait, mais par une grâce spéciale de D. Pedro. La supposition est d'autant plus juste qu'il est certain que S. M.

l'empereur d'Autriche avait depuis quelque temps employé ses bons offices envers le roi Jean VI, pour le réconcilier avec D. Miguel ; que ce prince avait écrit plusieurs lettres à son père, à ce sujet, auxquelles le roi avait dernièrement promis de répondre ; mais ceux de la cabale qui entouraient le souverain ont, pour quelque temps, trouvé les moyens d'empêcher qu'il le fît, jusqu'à ce que la douleur que lui avait causée l'article 2 dudit traité l'ait décidé à rappeler D. Miguel, ce qu'il n'a pu effectuer à cause de la maladie fatale qui survint et l'emporta en peu de jours ! ! C'est aux lecteurs à faire sur cet événement malheureux les commentaires qu'ils jugeront à propos, n'oubliant pas cependant un fait avéré, qui a eu lieu dans cette occasion. Le roi, aux approches de la mort, avait fait appeler la reine, son épouse, pour se réconcilier avec elle. La reine était sur le point de sortir de Quelez, lorsqu'elle reçut un nouvel ordre pour ne pas y aller. Toutes ces circonstances font bien voir que les actes qui ont paru au nom du roi, durant sa courte maladie, n'étaient que l'ouvrage de ceux de la cabale qui entouraient ce malheureux monarque.

Un de ces ouvrages a été le décret en question, dont l'original n'a été vu de personne, quoique la chambre des pairs ait demandé avec instance qu'on le lui représentât.

Le conseil-d'état n'a pas été présent pour contresigner la signature du roi , conformément à l'usage suivi pour des documens d'une si haute importance. Il est donc évident qu'un tel décret n'est revêtu que de caractères qui le rendent subreptice et illégal. En supposant même que ce décret fût revêtu de toutes les formes nécessaires qui lui manquent, il ne serait pas moins illégal par deux raisons : 1°. parce qu'il était en contradiction avec l'alvara du même souverain , du 4 juin 1824, qui déclarait en force les lois fondamentales du royaume, comme les seules qui lui convenaient ; et par ces lois les droits de D. Miguel étaient consacrés. Il n'est pas difficile de décider lequel des deux diplômes a le caractère de légitime et valide , de l'alvara , revêtu de toutes les formalités nécessaires pour le rendre authentique et valide , et que le roi a signé dans un état parfait de santé, ou d'un décret fabriqué dans les ténèbres , qu'on dit avoir été signé par le roi, au milieu des angoisses de la mort, et manquant tout-à-fait de toutes les formes indispensables pour le rendre valide. Un décret enfin , dont personne n'a jamais vu l'original , et qu'on ne sait pas où trouver ! ! !

2°. Le roi ne pouvait pas , lui seul, sans le concours des trois états du royaume, altérer les lois fondamentales établies sur la forme de succession à la couronne.

Toutes ces considérations ensemble mettent dans le plus grand jour que ce décret ne peut servir qu'à faire voir la nullité des droits prétendus de D. Pedro.

Une autre accusation que la faction ennemie de D. Miguel, et ceux qu'elle a momentanément abusés, ont faite contre ce prince, est qu'après avoir juré volontairement, disent-ils, la constitution de D. Pedro, il a parjuré en la détruisant. Je conviens de la doctrine du parjure, en la prenant abstraitement sur la violation de quelque serment légal ; mais elle est absolument fausse si on veut l'appliquer au serment de la Charte de D. Pedro. D. Miguel exerçant l'office de condestable du royaume, au couronnement de son père le roi Jean VI, prêta le serment voulu, le reconnaissant comme roi, par les lois fondamentales de la monarchie portugaise, qu'il a aussi dans cet acte juré d'observer, et par lesquelles tous les rois de Portugal sont obligés, avant d'être proclamés, de prêter serment *de maintenir en force tous les priviléges, libertés, les grâces et les coutumes que les rois leurs prédécesseurs, ont concédés et juré d'observer aux trois états du royaume.* Après avoir prêté ce serment, D. Miguel a été forcé d'en prêter un autre à Rio-de-Janeiro, d'observer les bases de la constitution

que les démagogues de 1820 devaient faire en
Portugal ; et à son arrivée à Lisbonne, D. Miguel a été une autre fois forcé de jurer cette
constitution déjà faite. C'est après cette diversité de sermens qu'il a été obligé encore de jurer à Vienne, et puis à Lisbonne la Charte de
D. Pedro. Dans ce labyrinthe de sermens, il
faut donc examiner quel est celui qui est revêtu
des caractères nécessaires pour le rendre légal,
et par conséquent juste et valide. Ces caractères
sont : 1°. Que le serment soit spontané, sans
contrainte ou danger d'être exposé à aucun mal
en refusant de le prêter; 2°. qu'il soit légal et
nullement contraire aux lois fondamentales de
la monarchie; 3°. qu'il soit conforme aux désirs
de la grande majorité de la nation, et au pacte
primordial que celle-ci a contracté avec l'autorité
souveraine. Or, ces trois caractères, on ne les
trouve que dans le serment prêté par D. Miguel
au couronnement de son père; serment de devoir, d'héritage, de coutume du royaume, et
conséquemment légal, et d'autant plus spontané qu'il a consacré ses droits éventuels à la
couronne.

On ne trouve aucun de ces trois caractères
dans les sermens que D. Miguel a été forcé de
prêter aux cortès révolutionnaires de 1820. Ils
n'ont pas été spontanés, parce que si l'infant avait

refusé de les prêter, il aurait eu le même sort que la reine sa mère, que le patriarche et l'évêque de Villa-Viçosa, etc.; ils n'ont pas été légaux, parce qu'ils subvertissaient les lois fondamentales du royaume; ils ont été contraires aux désirs de la grande majorité de la nation, puisqu'on a vu avec quelle facilité on a fait disparaître dans un moment les cortès intrus, et rétabli le roi dans ses droits légitimes.

Le serment de la Charte de D. Pedro n'a aussi aucun des trois caractères indiqués. Il n'a pas été spontané, parce que D. Miguel savait très bien que ces mêmes ennemis, qui avaient persuadé le roi son père de le faire sortir du Portugal, travaillaient sans relâche à sa perte totale, par tous les moyens possibles, et spécialement à le dépouiller de ses droits éventuels à la couronne. Je ne crois même pas me tromper si j'avance que le cabinet de Vienne a reçu, par des voies diverses, des informations de ces manœuvres et desseins pervers de la faction contre l'infant. Ce prince n'ignorait pas que l'intrigue de la Charte de D. Pedro, aussi bien que son décret d'abdication, en lui imposant le double joug d'un serment et d'un mariage forcé et tardif, et à la nation celui d'une longue minorité et d'une incertitude prolongée de la succession au trône; il n'ignorait pas, dis-je, que toutes ces manœu-

vres de la faction avaient pour but de le dépouiller de ses droits éventuels, et même de sa
liberté, puisqu'elle tramait, depuis long-temps,
le complot de priver l'infant de la protection
paternelle de S. M. l'empereur d'Autriche, en le
transportant à Rio-de-Janeiro, et, à cette fin,
ils se sont pressés de faire venir à Brest le vaisseau
de ligne *D. Jean VI*. Au milieu de circonstances si menaçantes, et l'infant sachant qu'on
ne lui permettrait pas de retourner à Lisbonne,
comme la nation le désirait, s'il ne prêtait pas le
serment, que pouvait-il faire que de le prêter?
Mais peut-on appeler spontané un acte si forcé?

Non seulement ce serment n'a pas été spontané, mais il a été illégal; premièrement, parce
qu'il est contraire aux lois fondamentales de la
monarchie, que D. Miguel avait juré d'observer;
secondement, parce que la Charte a été imposée
à la nation par un souverain qui s'est fait étranger par option, et par le serment qu'il a prêté à
la constitution brésilienne, ce qui l'a constitué
étranger, et, par suite, inhabile, d'après les lois
fondamentales portugaises, à être proclamé roi,
puisqu'il ne pouvait pas l'être sans prêter d'abord
le serment de maintenir ces lois fondamentales
qu'il prétendait détruire par sa Charte.

Qu'un souverain donne à une nation quelconque une charte constitutionnelle, qu'il ne

peut pas jurer lui-même ; que de plus il exerce despotiquement ce pouvoir si monstrueux sans, au préalable, avoir consulté aucune autorité du pays que la charte doit régir, c'est sans doute une absurdité inouie dans l'histoire bizarre des constitutions modernes ! ! Et l'on prétend effectuer toutes ces monstruosités au nom de la légitimité ! !

L'exposé que je viens de faire met en toute évidence que, des trois sermens que D. Miguel a prêtés, le premier est le seul qui ait des caractères légitimes et valides, et que les autres n'ont été que forcés, illégaux, et par conséquent invalidés par le premier. Cette multiplicité scandaleuse de sermens contradictoires est une suite nécessaire de toutes les révolutions. L'empereur D. Pedro a été lui-même obligé de prêter des sermens différens ; il a prêté premièrement celui de respecter et d'observer les lois fondamentales de Portugal, au couronnement de son père D. Jean VI, puis il a juré les bases de la constitution que les cortès révolutionnaires de Portugal devaient fabriquer, et il a ensuite juré deux constitutions différentes pour l'empire du Brésil. Plusieurs de ces ennemis de D. Miguel, qui ont fait tant crier le *Times* au parjure, à l'égard du serment qu'il avait prêté à Vienne, et qu'ils appellent spontané, ont prêté eux-mêmes la même diversité de sermens que ce prince, en comprenant celui-d'hommage au couronnement de D. Jean VI, et d'observer les lois fondamentales de Portugal; et c'est pour un tel serment, que leurs ancêtres ont prêté, qu'ils conservent en héritage dans leurs familles les titres, priviléges, commanderies et autres grâces dont ils jouissent. Et cependant ils n'ont pas eu de scrupule de se parjurer, quand ils ont violé ce serment légitime et primordial, inaltérablement observé depuis le commencement de la monarchie, et qu'ils ont prêté postérieurement d'autres sermens si contradictoires.

Je dois maintenant déclarer ici que, dans ce que j'ai dit relativement au serment que l'infant a prêté à Vienne, je ne prétends pas faire la moindre imputation au cabinet de Vienne, qui, sans doute, a agi de bonne foi dans toutes ces transactions, en s'imaginant, ainsi que les autres puissances, qu'il convenait à la tranquillité du Portugal et de toute l'Europe, que la Charte de D. Pedro se consolidât, puisqu'on croyait qu'elle avait été volontairement acceptée et jurée par la nation. On sait assez combien le gouvernement autrichien est opposé aux constitutions de fabrique moderne, et avec quelle répugnance il a consenti à un serment inattendu de cette nature dans la capitale de l'Autriche. Malheureusement les cabinets des souvérains ont été trompés par de

faux rapports sur le véritable état du Portugal,
la faction ennemie de D. Miguel ayant une grande
influence dans le cabinet de Lisbonne, et dans
le maniement principal des affaires hors du
royaume ; ajoutez à cela que plusieurs des prin-
cipaux meneurs de l'intrigue ayant un accès facile
auprès de quelques membres du corps diploma-
tique résidant à Lisbonne, les cabinets des souverains recevaient par des canaux différens des
informations inexactes sur les dispositions de la
nation portugaise en général, à l'égard de la
Charte de D. Pedro. Ces cabinets ignoraient
pourtant que la grande majorité des Portugais
nourrissait une haine mortelle contre toute
constitution qui n'était pas la constitution pri-
mordiale de la monarchie, constamment ob-
servée par tous les souverains de Portugal, et
que la nation était décidée à rétablir. Ils ignoraient que si la Charte de D. Pedro n'avait pas
disparu plus tôt, ce n'était qu'à cause de l'ab-
sence de l'infant, que les Portugais regardaient
comme leur chef et légitime souverain ; et si les
troupes anglaises fussent arrivées quelques jours
plus tard à Lisbonne, D. Miguel aurait été proclamé roi, même étant absent.

On ne peut avec justice accuser D. Miguel
d'avoir eu une intention préméditée de faire ce
que des circonstances impérieuses l'ont obligé à

faire à son arrivée à Lisbonne. De même que les cabinets des souverains, il ignorait le véritable état des partis en Portugal. Arrivant à Lisbonne, ce fut alors qu'il vit l'immensité du parti royaliste et vraiment national, qui demandait à grands cris qu'on mît en vigueur les lois fondamentales de la monarchie, pour revendiquer les droits de D. Miguel qu'elles consacraient. D'un autre côté, le parti libéral, ennemi implacable de D. Miguel, depuis l'affaire de Villa-Franca, avait pour lui une grande partie des officiers de l'armée, puisque les deux derniers ministres de la guerre, au temps des cortès de D. Pedro (tous les deux héros du bateau à vapeur *Belfard*), avaient déplacé un grand nombre d'officiers qu'ils croyaient n'être pas de leur parti, pour les remplacer par d'autres qui en étaient. En attendant, des adresses ont été présentées continuellement à l'Infant, par les différentes municipalités du royaume, par les tribunaux, et par chacun des trois états séparément, demandant le rétablissement des légitimes institutions nationales et des lois fondamentales du royaume, toujours observées jusqu'à la mort du roi Jean VI. Que pouvait donc faire l'Infant dans des circonstances si pressantes? Il fallait s'appuyer sur un des deux partis : le faire sur le parti qui était son ennemi invétéré, pour dompter le parti le plus fort, qui réclamait ses droits et ceux de l'Infant , ce n'eût été que commettre un suicide insensé , et allumer tout-à-coup dans le pays une guerre civile et acharnée. Il a donc fallu que l'Infant s'appuyât sur le parti vraiment national qui réclamait ses lois et institutions légitimes. Il a cependant résisté à rentrer dans l'exercice de ses droits, par les réclamations populaires qui, en différens endroits du royaume, l'avaient proclamé roi absolu; et, se conformant à ce que les rois ses prédécesseurs ont toujours pratiqué dans tous les cas controversés de succession, il en a laissé la décision aux trois états du royaume, qu'il a fait convoquer à cet effet.

Les résultats qui suivirent les décisions des trois états, ne laissent aucun doute que ces décisions ont été conformes aux désirs de la grande majorité de la nation. La faction ennemie de D. Miguel avait déployé toute sa force dans l'insurrection militaire de Porto, qui se dissipa comme la fumée, aussitôt qu'une telle décision eut été publiée. Cet événement a fait voir clairement, combien les cabinets des souverains avaient été abusés sur le véritable état du Portugal par les suggestions insidieuses de la faction, lorsqu'on a persuadé à l'Infant, avant son départ pour Lisbonne, d'accéder aux protocoles formés à Vienne et à Londres, dans la supposition que ce prince pouvait mettre à exécution ce qu'ils contenaient. Mais les événemens ont ensuite fait voir combien il lui était impossible de s'y conformer.

Aussi, les puissances ne peuvent qu'avouer, avec la bonne foi qui leur est propre, qu'après la conclusion à Rio-Janeiro du traité de paix et de séparation du Brésil, elles étaient dans la persuasion que l'empereur D. Pedro n'avait plus aucun droit de décréter la moindre chose pour le Portugal, et encore moins d'abolir les lois fondamentales de ce royaume, et de lui nommer une souveraine, en lui transmettant des droits qu'il n'avait plus après le traité, traité qui ne contenait pas un mot sur ces droits, mais où se trouvaient définitivement stipulées la séparation et l'indépendance absolues des deux états, et par conséquent des deux nouvelles dynasties portugaise et brésilienne de la maison de Bragance, puisqu'autrement, la séparation et l'indépendance du Portugal n'auraient été qu'illusoires, et ce royaume serait resté pour long-temps dans un état précaire, continuellement exposé aux intrigues et aux malheurs qui accompagnent toujours les minorités et régences temporaires, et les changemens de souverains nés et élevés hors du royaume. Il est donc bien hors de doute, qu'après la ratification du traité de séparation,

les deux branches de la famille de Bragance sont
restées tout-à-fait séparées : c'est le sens naturel
et raisonnable de l'esprit et de la lettre du traité :
tout autre sens qu'on voudrait lui donner ne serait que des chicanes, auxquelles le gouvernement britannique n'est pas accoutumé à prêter
sa médiation et son appui, et que la nation portugaise ne serait pas disposée à souffrir.

On ne peut pas douter aussi, que ce ne fût
une séparation absolue des deux états et familles
que le prince de Metternich avait dans l'idée,
lorsque dans sa dépêche, en réponse à celle que
le cabinet de Lisbonne lui avait adressée, en
demandant la médiation de l'Autriche pour la
conclusion de la paix entre le roi Jean VI et son
fils D. Pedro, il dit : « D'après toutes les notions
» que nous avons reçues de Rio-Janeiro, il ne
» nous paraît pas douteux que les hommes les
» plus influens de ces pays, que la majorité pré-
» pondérante de ses habitans, ne s'opposeraient
» pas à un pacte fédéral entre les deux royau-
» mes. Dès-lors, il serait facile d'établir par une
» loi de famille l'hérédité des deux couronnes
» dans deux branches de la maison régnante,
» et la succession réciproque, au cas que l'une
» ou l'autre viendrait à s'éteindre. »

On voit donc clairement que lorsqu'on a conclu le traité de séparation, le chef de la maison

régnante en Portugal (ou pour mieux dire dans le royaume uni) était le roi Jean VI; et que les deux branches de sa famille ne pouvaient, selon les lois portugaises, être que D. Pedro et D. Miguel. Il est bien clair aussi, que le projet du cabinet de Vienne n'admettait la succession réciproque des deux branches, qu'au cas que l'une ou l'autre viendrait à s'éteindre; or, les droits prétendus de la princesse D. Maria da Gloria sont exclus dans ce projet.

Une autre preuve de ce que les cabinets des souverains étaient dans la persuasion que la séparation et l'indépendance des deux états, stipulées dans le traité, étaient tout-à-fait absolues, se trouve dans les remontrances réitérées que quelques-uns des cabinets des souverains n'ont cessé de faire à D. Pedro, dès que sa Charte et son décret d'abdication parurent, pour déclarer son abdication complète; et cette preuve est encore corroborée par les conseils qu'on a donnés au gouvernement de Lisbonne, et même à D. Miguel, lors de son départ pour le Portugal, de ne pas faire exécuter plusieurs décrets subreptices que la cabale avait arrachés à la crédulité et à la bonne foi de l'empereur D. Pedro. Les cabinets des souverains savaient fort bien que si D. Pedro continuait à décréter pour le Portugal, le traité de séparation et d'indépendance ne serait qu'illusoire et préjudiciable à ce royaume, puisque du rang de métropole il descendrait à celui de colonie du Brésil. Il n'en pouvait résulter qu'un foyer de désordres et de troubles dans le pays, propres, par plus d'un moyen, à troubler la tranquillité de l'Europe, que les puissances ont tant à cœur de conserver. Elles se sont bornées dans leurs remontrances à demander l'abdication complète, parce qu'ayant reconnu le traité de séparation conclu sous la médiation de l'Angleterre, elles ne devaient pas permettre qu'on éludât en aucune manière la stipulation de l'indépendance du Portugal. Si les puissances n'ont fait aucune remarque sur la légalité de l'abdication de D. Pedro, ce n'a été que pour être fidèles au principe incontestable de justice qu'elles ont toujours professé, de laisser à chaque puissance indépendante régler ses affaires intérieures et de famille, selon ses propres lois, et l'intérêt général de son pays.

Il reste encore une objection à détruire, sur laquelle la faction veut appuyer particulièrement ses intrigues et ses prétentions; c'est que les puissances de l'Europe, ayant reconnu les droits de D. Pedro et de la princesse D. Maria, sa fille, elles ne peuvent jamais reconnaître D. Miguel comme souverain légitime de Portugal.

On s'aperçoit au premier coup-d'œil de l'absurdité de cette objection, puisque, pour la trouver juste, il faudrait admettre que les puissances étaient capables de manquer au principe de justice que je viens de mentionner, de ne pas préjuger des questions controversées de famille et succession dans un pays étranger, puisque de telles questions doivent être privativement jugées par les autorités compétentes, et selon les lois fondamentales du propre pays. De plus, s'arrêter à une telle objection, ce serait admettre le principe que, lorsqu'une faction s'empare par intrigue du gouvernement d'un pays, au nom d'une fausse légitimité, et que les puissances trouvent convenable de continuer leurs relations diplomatiques avec ce gouvernement intrus, elles sont obligées de le soutenir et de ne pas reconnaître le gouvernement légitime qui a culbuté la faction et repris légalement ses droits. Ce serait une absurdité inouie que d'admettre un principe aussi subversif de toute justice et de la stabilité des gouvernemens.

Il est donc faux que les puissances aient reconnu les droits de D. Pedro et de sa fille au trône de Portugal; elles n'ont fait que continuer leurs relations diplomatiques avec le gouvernement de fait qu'on croyait avoir été nommé par le roi Jean VI, à son décès. Elles ont simplement reconnu ce gouvernement local, sans s'inquiéter si les actes publics se passaient au nom de D. Pedro ou de la régente. Si ce gouvernement local avait refusé de mettre à exécution la Charte et le décret d'abdication de D. Pedro, comme contraires aux lois fondamentales du royaume, les puissances n'auraient pas fait cesser pour cela leurs relations diplomatiques avec le gouvernement; mais elles se sont bientôt opposées aux prétentions illégales de D. Pedro, inspirées par la cabale, de continuer à décréter pour le Portugal, dont l'indépendance totale avait été établie et reconnue par les puissances, depuis le jour qu'on avait échangé la ratification du traité de séparation des deux états. Il faut encore remarquer ici que si les puissances ont trouvé illégal et inadmissible, depuis la ratification du traité, le droit que D. Pedro voulait exercer, de décréter pour le Portugal, ce serait une contradiction choquante de lui reconnaître le droit d'abolir les lois fondamentales du royaume, et de lui en donner de nouvelles. Les puissances n'ont donc rien fait de plus sur cet objet, que de laisser faire au gouvernement local ce qu'il jugeait à propos, puisque c'était une affaire absolument à lui. Pour exercer des actes si despotiques, que d'abolir d'un coup les lois fondamentales du royaume, sans que les trois états fussent consultés, D. Pedro n'avait aucun autre

titre, de son droit, que le décret invisible et
introuvable du 6 mars 1826; titre, comme on
l'a ci-dessus démontré, d'une illégalité et d'une
nullité complètes. Ce sont des vérités incontestables; on ne peut pas douter que les puissances
ne les connaissent bien actuellement. Elles ont
reconnu les actes illégaux de **D.** Pedro, parce
que le gouvernement de fait à Lisbonne les a fait
exécuter, quoique illégalement; donc, par le
même principe, et à plus forte raison, les mêmes
puissances doivent, selon toute justice, reconnaître maintenant ce que le gouvernement légitime a fait par des moyens tout-à-fait légaux.

De plus, je dirai encore que ce n'a pas été la
régence de Portugal établie par le décret invisible
et introuvable qu'on prétend que le roi a signé
aux approches de la mort; ce n'a pas été, dis-je,
cette régence, ou les membres qui la compo-
saient, qui, d'une voix unanime, ont fait mettre
à exécution la Charte et le décret d'abdication de
D. Pedro. Trois des membres de cette régence
se sont retirés du gouvernement aussitôt que de
tels diplômes y ont été présentés, et cet acte de
justice et de patriotisme a mérité à l'un d'eux
une persécution bien forte de la faction. Pour les
autres membres de la régence, on sait, à n'en
pas douter, qu'ils se sont opposés à ce que la
Charte fût mise à exécution sans la convocation

des trois états du royaume, même en conformité de ce qu'ordonnait la Charte de D. Pedro , auxquels états il appartenait de décider si elle devait ou non être acceptée.

Ce n'a pas été le gouvernement nommé par le feu roi qui a décidé la question ; c'est, au contraire, une camarilla de la faction ennemie de D. Miguel, et qui, malheureusement, entourait la régente. L'exactitude de cette assertion est assez prouvée par la lettre que le général Saldanha, alors gouverneur du Porto , et ensuite un des héros du *Belfard*, a adressée à la régente; et la réponse de celle-ci, ainsi que la lettre de ce général, ont été publiées dans ce temps ; et ce qui corrobore encore plus l'assertion , c'est la lettre insolente que le médecin Abrantès a publiée à Londres, en trois langues, et qu'il a adressée à sir William A'Court , par laquelle il se vante et nous révèle qu'il a été le rédacteur de la proclamation déplorable qui excluait D. Miguel de ses droits de régence, et que l'article 91 de la Charte lui accordait bien formellement. *C'est donc ce médecin et ses confrères de la camarilla* qui a conseillé la mesure qui a fait dissoudre la régence nommée par le roi, et qui a fait despotiquement prêter serment à la Charte de D. Pedro, sans la réunion des trois états qu'elle ordonnait. Voulant prouver que toutes ces mesures désastreuses étaient l'ouvrage de la cabale révolutionnaire, qui forme le corps le plus nombreux des ennemis de D. Miguel, depuis l'affaire de Villa-Franca, on ne peut choisir un membre plus signalé de ce corps que le médecin Abrantès, puisqu'il a toujours figuré fort distinctement dans toutes les crises malheureuses de sa patrie. Obligé de quitter le pays comme partisan des Français, au temps de leur invasion ; membre distingué des clubs révolutionnaires, au temps de la révolution de 1820 ; premier médecin assistant à la courte et fatale maladie du roi Jean VI ; membre de la chambre des députés dans la constitution de D. Pedro ; président de la *camarilla* et rédacteur de la proclamation qui dépouillait D. Miguel de ses droits à la régence ; depuis émissaire à Rio-Janeiro pour déjouer les négociations de la cour de Vienne, dont M. Neumann était chargé, et, pour entamer l'intrigue, qui consistait à faire nommer D. Miguel lieutenant de son frère, si le cabinet autrichien persistait à ne plus retenir l'infant après sa vingt-cinquième année ; finalement, cet intrigant, à son retour du Brésil, s'était fait nommer, par D. Pedro, conseiller-d'état et secrétaire du cabinet ; mais toutes ces grâces exorbitantes ont subi un juste retour à son arrivée à Lisbonne, et il a été chassé du pays plus honorablement qu'il ne le méritait.

Outre les faits incontestables contenus dans tout cet exposé, qui mettent au jour les intrigues détestables de la faction ennemie de D. Miguel, les puissances ont vu dernièrement avec dégoût les nouvelles manœuvres et les avanies grossières que cette faction a eu la témérité de pratiquer pour les forcer à se déclarer contre D. Miguel, à commencer par la révolution militaire de Porto, ouvrage de cette faction, jusqu'à l'attentat qu'elle a commis en empêchant que la princesse du Gram-Para continuât son voyage à Vienne, où l'attendait son auguste grand-père, d'accord avec l'empereur D. Pedro. Il est donc temps que les puissances fassent tout d'un coup disparaître toutes ces intrigues et mettent la faction dans l'impuissance d'en ourdir davantage. Cela ne peut s'accomplir qu'en reconnaissant les légitimes droits du roi D. Miguel Ier. au trône de Portugal. Ainsi le demandent la justice, le bon sens et la dignité des puissances insidieusement abusées ; ainsi le demandent leurs vrais intérêts, ceux du Portugal, du Brésil, de l'empereur D. Pedro et de la princesse sa fille. L'éclaircissement de ces dernières assertions terminera donc cet essai.

Les intérêts du Portugal réclament instamment

que les droits de D. Miguel, proclamés légitimes
par les trois états du royaume, soient promptement reconnus par les puissances, car tout le
délai qu'on y mettra ne servira qu'à encourager
la faction révolutionnaire, qui se masque sous le
nom de partisans de D. Pedro et de D. Maria da
Gloria, à tramer toujours de nouveaux complots que le gouvernement sera, bien à contre-
cœur, forcé de punir; ce qui doit faire la ruine
de beaucoup de familles et maintenir le pays
dans une alarme et une inquiétude perpétuelles.
Ce délai empêche aussi que le roi D. Miguel exerce
envers ses propres ennemis les actes de clémence
que son cœur et les avis de son conseil lui dic-
teront, et qui seront compatibles avec la justice
et la sûreté de l'État.

Les ennemis de D. Miguel ont prétendu, avec
la plus grande perfidie, caractériser de cruautés
et d'injustices quelques emprisonnemens et con-
fiscations qui ont eu lieu après son avènement
au trône, tandis qu'on n'a rien fait que ce que
les lois commandaient de faire. Personne n'a été
mis en prison et rien n'a été confisqué avant
l'insurrection militaire de Porto. C'est alors que
le gouvernement, pour sa propre sûreté et pour
maintenir l'ordre et la tranquillité publics, a
été forcé de prendre de telles mesures et de
mettre sous la surveillance de la police les per-

sonnes suspectes, dont une partie a trouvé bon de s'évader du pays sans permission du roi et sans passe-port, en contravention aux lois. Le gouvernement n'a donc rien fait de plus que de mettre les lois à exécution. L'expédition du *Belfart*, et d'autres de cette nature, ont fait voir après que le gouvernement ne s'était pas trompé dans ses soupçons à l'égard des fugitifs. Aucune exécution à mort n'a été faite après l'avènement au trône du roi D. Miguel, si ce n'est celle des forcenés étudians de l'université de Coimbre, qui ont assassiné de sang-froid les professeurs qui venaient en députation au roi *. Et dans quel pays ne ferait-on pas tomber toute la rigueur des lois sur de tels scélérats? Qu'on remarque donc de quelle espèce d'associés est composée la faction ennemie de D. Miguel, et l'on peut deviner les horreurs auxquelles on de-

---

* Depuis cette brochure écrite, cinq malheureux ont expié le complot qu'ils exécutaient avec une audace excitée par l'impunité des premiers coupables. Plusieurs journaux, se copiant les uns les autres, ont ajouté à cette exécution d'horribles mensonges, puisés dans l'atroce imagination de ceux qui reprochaient aux mules de D. Miguel de n'avoir pas fait assez; mais quelles gens de bon sens croient maintenant à des journaux qui ont tant de fois menti d'une manière si impudente?

vrait s'attendre, si par malheur il y avait une réaction en faveur d'une cabale si dénaturée.

Les intérêts des puissances européennes demandent impérieusement que le gouvernement de Portugal se consolide afin que le pays se tranquillise. Si les troubles du Portugal apportaient quelque réaction démocratique, les frères et amis de l'Espagne, de la France et de l'Italie ne manqueraient pas de lever la tête et de causer des troubles et des désordres incalculables dans toute l'Europe.

C'est aussi l'intérêt des puissances d'être fidèles aux principes qu'elles ont hautement proclamés à Tróppau, à Laybach et à Véronne. Par un principe vital de la constitution anglaise, confirmé dernièrement par la circulaire de lord Castlereagh, du 19 janvier 1821, le gouvernement britannique a reconnu les droits du peuple légitimement représenté, selon les lois fondamentales des états, pour décider dans les matières, controversées de succession à la couronne. Comment donc le gouvernement britannique pourrait-il se refuser à reconnaître comme légitime le gouvernement de D. Miguel, sans contrevenir aux principes qu'il a tant de fois proclamés et toujours observés? Comment les puissances continentales, qui ont déclaré qu'elles feraient une guerre ouverte à la révolution, partout où elle

levera la tête pour bouleverser le principe monarchique et la légitimité des lois fondamentales
des états ; comment, dis-je, pourront-elles permettre, sans une contradiction déplorable, que
la faction révolutionnaire de 1820, avec quelques
douzaines de ses dupes, ennemis de D. Miguel,
les uns par des motifs personnels et les autres par
une légèreté étonnante, ou par de faux calculs
de propre intérêt, agite le Portugal et les pays
contigus par des troubles et des intrigues con-
tinuels, qui mettent toujours obstacle à la
consolidation du trône portugais et menacent les
autres ?

Il faut ici faire mention d'un sophisme misé-
rable avec lequel la cabale a prétendu abuser
aussi les puissances continentales, pour les faire
déclarer contre D. Miguel. Si les souverains,
disent-ils, reconnaissent ce prince comme roi,
ils sanctionneront le principe de la souveraineté
du peuple, puisque c'est le peuple qui l'a proclamé. On découvre bientôt la fausseté de cet
argument, en y réfléchissant tant soit peu. Ce n'a
pas été le peuple, mais bien les lois fondamentales de la monarchie portugaise, constamment
observées jusqu'au règne de D. Jean VI, par qui elles
ont été confirmées, qui ont appelé D. Miguel au
trône. Les trois états ne sont que les gardiens de
l'accomplissement de ces lois, et le conseil de la

nation, que l'autorité souveraine doit consulter dans les cas controversés de la succession à la couronne, et sur d'autres grandes affaires d'état. La souveraineté du roi dans la légitime constitution portugaise, est une, indivisible et absolue. Elle n'est pas taillée en pièces ; elle n'est pas une hydre à cent têtes, un amas amovible d'individus en même temps souverains et sujets, comme la Charte de D. Pedro et les actes de fabrique moderne. Et qui, mieux que ce conseil national, peut décider dans les cas controversés de succession ? Qui a plus que lui le droit de le faire ? Je crois qu'aucune puissance n'admettra chez elle une autre doctrine. Ce n'est donc pas la prétendue souveraineté du peuple des trois états de Portugal que les puissances ont à craindre, mais plutôt le principe subversif de la stabilité des gouvernemens qui donnerait à chaque souverain le droit de changer, s'il le voulait, despotiquement, les lois fondamentales de l'état qu'il régit ; et ce principe est encore plus monstrueux, si c'est un étranger qui prétend faire de tels changemens !

Les intérêts commerciaux des puissances avec le Portugal doivent souffrir beaucoup, comme ceux de ce royaume, tant que le gouvernement de D. Miguel n'est pas consolidé par la reconnaissance de ses droits.

Les intérêts des puissances exigent aussi que la

consolidation du trône de D. Miguel soit complète et permanente, ce qui ne peut pas se faire sans assurer le plus tôt possible la succession de ce prince, comme les trois états le lui ont représenté avec toute justice. Si D. Miguel venait à manquer sans succession, le pays serait dilacéré par un surcroît de partis et de discordes, et les puissances se verraient tracassées par de nouvelles intrigues et de nouveaux embarras, non seulement du côté de la faction révolutionnaire, qui chercherait à lever la tête, mais aussi parce qu'il ne manquerait pas de prétendans dans la famille de Bragance, qui ont autant ou plus de droits au trône portugais que la princesse D. Maria da Gloria.

Les intérêts de cette princesse sont en parfaite opposition avec ses prétendus droits. On voit bien par-là que la faction, en inventant ces droits, n'avait rien autre chose en vue que de dépouiller D. Miguel des siens propres, sans s'embarrasser en rien des vrais intérêts de D. Pedro et de sa famille. Si l'on réfléchit bien, ces prétendus droits n'offrent aucun avantage réel à la princesse, particulièrement dans les circonstances actuelles. Après que les trois états du royaume et les acclamations de la nation ont exclu ces prétendus droits et confirmé ceux de D. Miguel ; après que les mêmes trois états ont représenté au roi qu'il était urgent de pourvoir sans délai à la succession de la couronne, sans quoi la consolidation du trône et la tranquillité du royaume ne pouvaient pas se rétablir complètement; le roi n'a point, je dis non seulement le droit, mais le pouvoir de contrarier la volonté générale de la nation, légalement déclarée par ses organes légitimes. Dans ces circonstances, ces droits ne peuvent être imposés à la nation que par la violence et la force des armes. Mais, supposant encore qu'on commît une injustice si criante, quel en serait le résultat? Une guerre, qu'il est de la plus haute importance pour les puissances d'éviter; une guerre nationale, qui ordinairement tourne à l'entière défaveur des agresseurs. Mais quand le contraire arriverait, dans quelle situation malheureuse et précaire ne resterait pas la princesse? Un grand nombre de familles ruinées, des réactions continuelles dans le pays, des tentatives réitérées des prétendans au trône, du dehors, complots de toute espèce du parti révolutionnaire pour prendre le dessus : voici à quoi la princesse devrait s'attendre dans sa calamiteuse sinon très éphémère royauté; et est-ce qu'une couronne si chancelante et si pénible à porter mérite les grandes pertes que la princesse doit faire pour l'acquérir? Sans compter les inconvéniens et les chagrins qu'elle aurait à sup-

porter en insistant dans ses prétentions , elle doit
perdre ses droits éventuels au trône du Brésil ,
dans le cas du décès de son frère ; droits plus va-
lables que ceux de la couronne du Portugal , dans
les circonstances actuelles. L'empire du Brésil ,
pour être consolidé , a un grand besoin que la
famille impériale brésilienne se propage le plus
tôt possible en contractant des alliances matri-
moniales avec des princes des familles les plus
puissantes de l'Europe. Il serait donc plus utile
à cette intéressante princesse, ainsi qu'à l'empereur son père, et à l'empire naissant du Brésil ,
qu'elle fût mise sous la tutelle paternelle de son
auguste grand-père , l'empereur d'Autriche.
C'est un si puissant monarque qu'il peut régler
le plus avantageusement les destinées futures de
son auguste petite-fille ; l'Autriche et les autres
puissances européennes ont un grand intérêt à
ce que le principe monarchique se consolide dans
le Brésil , puisque c'est le moyen le plus sûr de
rétablir la tranquillité et l'ordre dans le vaste
continent américain , dont les bouleversemens ne
sont jamais indifférens à l'Europe ; les puissances
ne peuvent pas oublier que la révolution de
France a suivi de près celle des États-Unis.

Les intérêts de l'empereur D. Pedro exigent
que la souveraineté de son empire se consolide ;
un empire dont les provinces sont divisées par

des déserts étendus, et environnées par des républiques toujours troublées par des intrigues révolutionnaires et des guerres civiles, avec un parti républicain dans l'intérieur de l'empire, une dette publique très considérable, un change extrêmement ruineux, ayant à payer hors du pays une grande partie de sa dette, une petite population factice et hétérogène répandue sur un territoire ennemi; un empire, dis-je, dans une telle situation, marcherait à sa ruine totale, en entreprenant une guerre avec le Portugal ou quelque autre pays. Dans ces considérations essentielles, les intérêts du Brésil et de l'empereur D. Pedro sont identifiés avec ceux de sa fille, et on peut leur appliquer toutes les réflexions que j'ai faites sur les intérêts de cette auguste princesse.

Par tout ce que je viens de dire, on voit très évidemment que les puissances n'ont rien à faire de mieux dans l'affaire du Portugal que d'éclairer l'empereur du Brésil sur les perfides menées par lesquelles la cabale ennemie de D. Miguel, combinée avec quelques agens brésiliens, a osé abuser de sa bonne foi et de sa rectitude. Les changemens qui ont eu lieu en Portugal, après l'arrivée de D. Miguel, étaient une affaire à traiter par des négociations amicales entre D. Miguel, l'empereur son frère, et les puissances de l'Europe ; mais deux agens brésiliens ont eu la témérité de s'ériger en puissance européenne, pour commencer une guerre dans cette partie du globe, calamité que les souverains ont tant à cœur d'éviter. Ils ont eu même la folie de prétendre faire en Angleterre des armemens contre le Portugal, comme si le gouvernement britannique pouvait jamais donner les mains à une effronterie si scandaleuse. Sans aucun remords, ils ont entassé à bord d'un mauvais bateau à vapeur plusieurs chefs de familles respectables qu'il ont tout-à-fait ruinés, ainsi que d'autres individus, aussi chefs de famille, qui ont eu la légèreté d'accéder à ces folles suggestions, et, par-là, ont été aussi ruinés. Pour combler ce tissu d'iniquités, on a employé à leur exécution les fonds que les deux chambres avaient votés à Rio-Janeiro pour les paiemens de l'emprunt portugais que l'empereur D. Pedro s'est obligé à payer par un traité solennel conclu sous la médiation d'Angleterre ; dette du Brésil d'autant plus sacrée qu'elle a été contractée pour la valeur reçue de son indépendance et de quelques propriétés du roi Jean VI. Il y a déjà cependant deux paiemens des intérêts dus, que les agens brésiliens ont refusé de payer, au détriment du crédit public du Brésil. Est-ce que tout cela a été fait par ordre de l'empereur ? C'est ce qu'un juste souverain doit faire examiner et punir.

Il faut donc attendre que les puissances instruisent l'empereur D. Pedro de ces énormités et de l'attentat commis en détournant le voyage de la princesse sa fille à Vienne, pour la conduire en pélerinage forcé à Londres, afin de servir à la faction d'instrument innocent à de nouvelles intrigues. Il faut que les puissances fassent voir à ce souverain que son naissant empire, entouré, comme il est, de dangers, ne pourra se soutenir et se consolider que par des alliances européennes, dont le Brésil n'a rien à craindre, puisque ces souverains de l'Europe s'intéressent beaucoup à ce que le principe monarchique se consolide dans cet empire, et c'est pourquoi l'empereur D. Pedro doit se fier plus aux conseils des cabinets des souverains ses alliés, qu'à ceux de quelques intrigans qui l'ont malheureusement trompé, abusant de sa droiture et de sa bonne foi. Il faut donc enfin que les puissances lui fassent connaître qu'étant convenues entre elles d'être les gardiennes de la paix et de la tranquillité de l'Europe, qui ne peuvent être maintenues sans la reconnaissance des droits de D. Miguel, après qu'ils ont été reconnus par la nation ; elles sont bien disposées à les maintenir, et S. M. I. ne pourrait rien faire de mieux que de se join-

dre à elles pour un objet aussi juste que salu-
taire.

La nation portugaise a un droit très fort pour
réclamer des puissances sa parfaite indépendance
et sa tranquillité, qui sont à présent identifiées
avec la reconnaissance des droits du roi D. Miguel Ier. Elle a rendu des services bien signalés
à l'Europe, pour son indépendance et sa tranquillité. Sans l'armée anglo-lusa, qui s'est tant
distinguée depuis Lisbonne jusqu'à Toulouse,
sous le commandement du plus grand capitaine
de l'âge, l'Europe peut-être gémirait encore sous
le joug de fer qui, durant tant d'années, a pesé
sur elle. L'Angleterre ne pourra jamais oublier
que, dans la dernière et longue guerre qu'elle a
eu à soutenir, le Portugal est le seul endroit sur
le continent où ses armées ont pu toujours tenir
ferme et remporter une suite non interrompue de
victoires glorieuses, jusqu'à conquérir la paix,
et que tout cela a été dû, non seulement à la
bravoure des troupes anglaises, mais aussi à celle
de leurs frères d'armes, les Portugais.

Les réclamations du Portugal sont justes.
Elles sont d'accord avec ses lois fondamentales
et avec les vrais intérêts des puissances de
l'Europe, de l'empereur D. Pedro et de la princesse sa fille, comme on l'a montré évidemment.
Ce souverain a trop de pénétration, de bon

sens, et un trop grand amour de la justice, pour ne pas connaître actuellement que sa Charte constitutionnelle et son décret d'abdication conditionnelle, n'ont été qu'un brandon de discorde et de révolution qu'il a jeté avec bonne foi sur son ancienne et malheureuse patrie, trompé par les suggestions perfides des ennemis de D. Miguel.

L'empereur du Brésil ne peut pas ignorer que les souverains de l'Europe sont d'accord entre eux de faire tout leur possible pour maintenir la paix et la tranquillité dans cette partie du globe; qu'ils ont déclaré les insurrections militaires, à quelque fin qu'elles fussent dirigées, comme les plus illicites et les plus dangereuses de toutes les révolutions. Il sait très bien que la guerre civile est le plus grand fléau des états; il l'a su par expérience, lorsque ses troupes, le rebut de l'Allemagne et de l'Irlande, que les agens brésiliens ont recrutées en Europe, dissipant ainsi follement les ressources du Brésil, se sont soulevées à Rio-Janeiro, et ont mis l'empereur dans la nécessité de demander l'assistance des forces navales étrangères stationnées dans le port. Avec toutes ces notions, il n'est pas possible qu'un monarque, doué de tant de pénétration et de droiture que l'est l'empereur D. Pedro, ne fasse pas rendre compte de forfaits de cette espèce à ceux de ses agens qui les ont commis; forfaits qui forcément doivent troubler la tranquillité de l'Europe et la bonne intelligence entre les puissances et l'empereur D. Pedro, dont ce souverain connaît mieux l'importance que ses agens en Europe. Cet empereur n'ignore certainement pas que le parti républicain en Europe est encore très fort, quoiqu'il soit maintenant sous les cendres, en attendant l'occasion de lever la tête dans un temps de trouble; que s'il la lève en Europe, l'empire naissant du Brésil tombera bientôt en pièces; et que peut-être ce souverain aurait alors le dégoût amer de voir quelques-uns de ceux qui avaient soufflé et alimenté la guerre civile et les insurrections militaires en Europe, devenir membres des assemblées nationales de Bahia, Pernambuco, Para, etc.

Je vais finir cet essai par le développement d'un sophisme avec lequel la cabale a voulu dernièrement se jouer encore des puissances et de l'empereur D. Pedro. Ce souverain, dit la cabale, s'est trouvé si mal avec les conseils des cabinets d'Autriche et d'Angleterre, d'avoir envoyé la princesse du Gram-Para à Vienne, et nommé D. Miguel à la régence, qu'il ne peut plus se fier à ces cabinets. Les réponses à ce sophisme grossier sont très faciles, si l'on examine les résultats que devait avoir l'accession ou non accession de l'empereur D. Pedro aux réquisitions des puissances. Le résultat de ne pas accéder devait nécessairement être que, D. Miguel ayant atteint sa vingt-cinquième année, et S. M. l'empereur d'Autriche ne pouvant plus le retenir sous sa tutelle, comme la justice l'exigeait, ou plutôt le voulait, aussi bien que la déclaration qu'il en avait faite aux autres puissances et à D. Pedro; le résultat, dis-je, était que ce souverain laissât partir l'infant pour Lisbonne, pour y prendre possession de sa maison, et que, lorsqu'il y arriverait, il fût proclamé roi, de la même manière qu'il l'a été; et les puissances ne devant pas être très satisfaites du refus de D. Pedro, et leur devoir, ainsi que l'intérêt général de l'Europe, leur commandant d'y maintenir la paix, D. Miguel aurait alors été reconnu roi plus promptement par les puissances qu'il n'a pu l'être actuellement, en considération de ce que D. Pedro a accédé aux avis des cabinets des souverains. On voit donc que le refus de D. Pedro ne pouvait être que désavantageux et à lui et à la princesse sa fille. Et quel désavantage a souffert D. Pedro pour avoir accédé aux avis des puissances? Quant à ce qui est arrivé en Portugal, on a fait voir déjà que D. Miguel aurait été proclamé roi de Portugal, lorsqu'il s'y serait représenté comme infant, comme régent ou comme lieutenant de son frère, puisque la nation, extrêmement fatiguée de gouvernemens temporaires, était décidée à le faire.

Quant à ce qui regarde la princesse du Gram-Para, ce n'est pas certainement en Portugal ni au Brésil qu'elle peut être le plus heureuse et finir le mieux son éducation ; c'est à Vienne que tout cela peut s'accomplir le plus facilement, et c'est sous la tutelle paternelle d'un si puissant et ver-tueux monarque que son auguste grand-père, l'empereur d'Autriche, que cette intéressante princesse pourrait s'assurer un avenir plus heu-reux et plus brillant que si elle résidait en Por-tugal ou au Brésil.

Il est donc clair que le voyage de la princesse à Vienne, dans quelque sens qu'on le prenne, ne présente que des avantages à D. Pedro, à sa fille et à l'empire du Brésil ; le seul grand désavantage qu'on y trouve actuellement, c'est l'ouvrage de la cabale qui a osé détourner le voyage de la princesse, pour la conduire en Angleterre, dans un pélerinage forcé et indécent, affrontant deux puissans cabinets, qui, certes, ne sont pas ac-coutumés à être poussés à bout ; mesure en même temps téméraire et absurde, puisqu'elle fera tourner contre la faction les propres armes de son intrigue, et forcera les puissances à décider par elles-mêmes la question du Portugal de la ma-

nière qu'il conviendra le mieux à la tranquillité
de ce royaume, à la dignité et aux vrais intérêts
des puissances, et à la conservation de la paix en
Europe.

Que l'empereur D. Pedro écoute les sages conseils de ses puissans alliés, condamnant à un
mépris éternel les intrigues de la faction, et il se
tirera bientôt de tous les embarras que lui ont
causés ces intrigues.